Abracadabra

Maoliosa Kelly
Illustrated by Woody

RIGBY

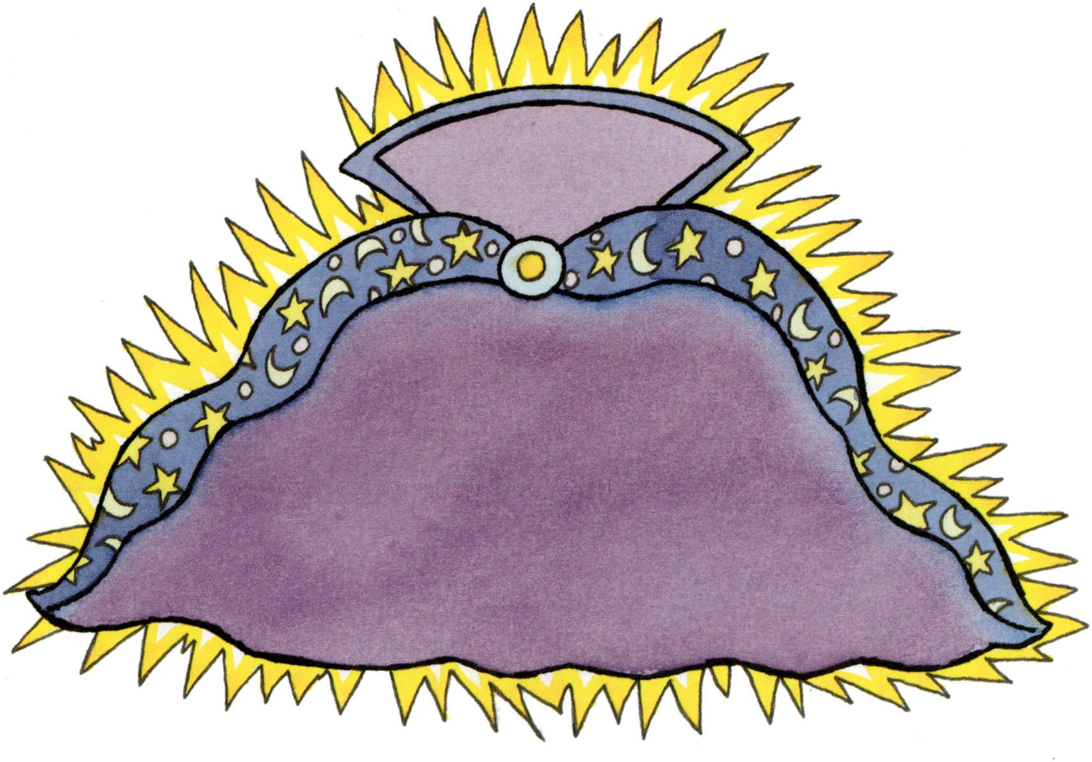

a cloak

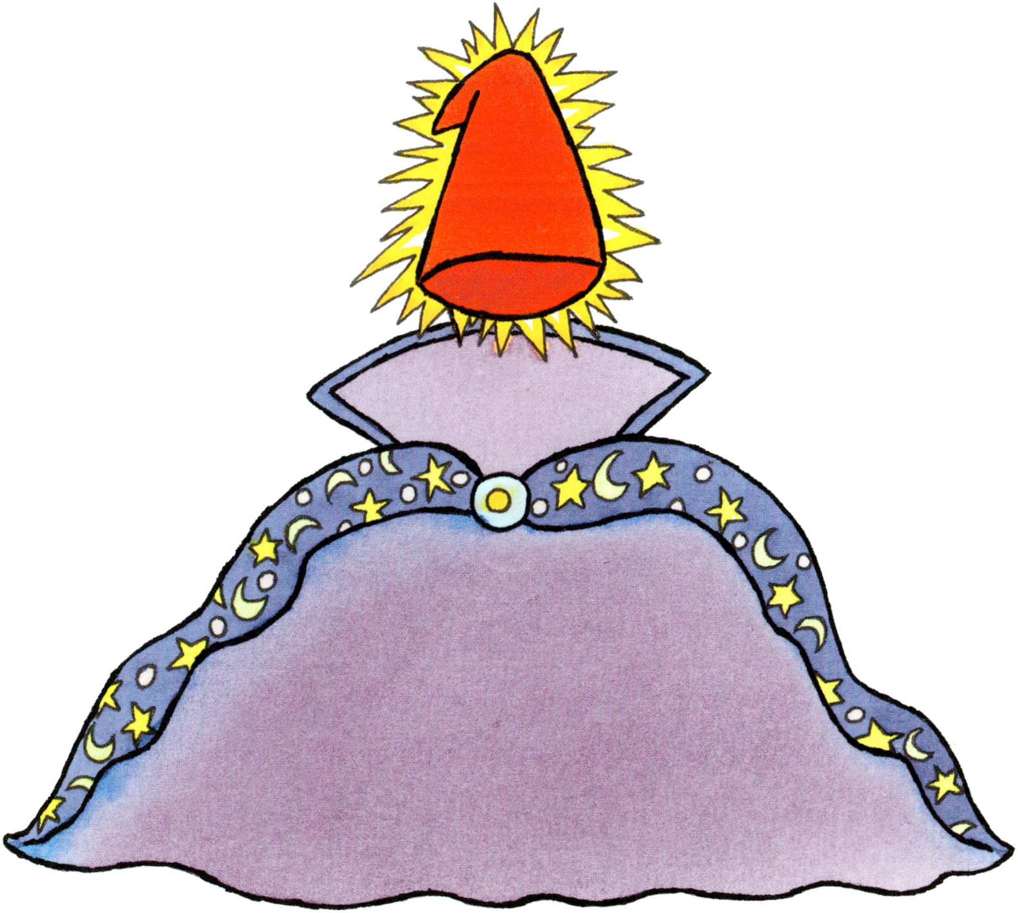

a hat

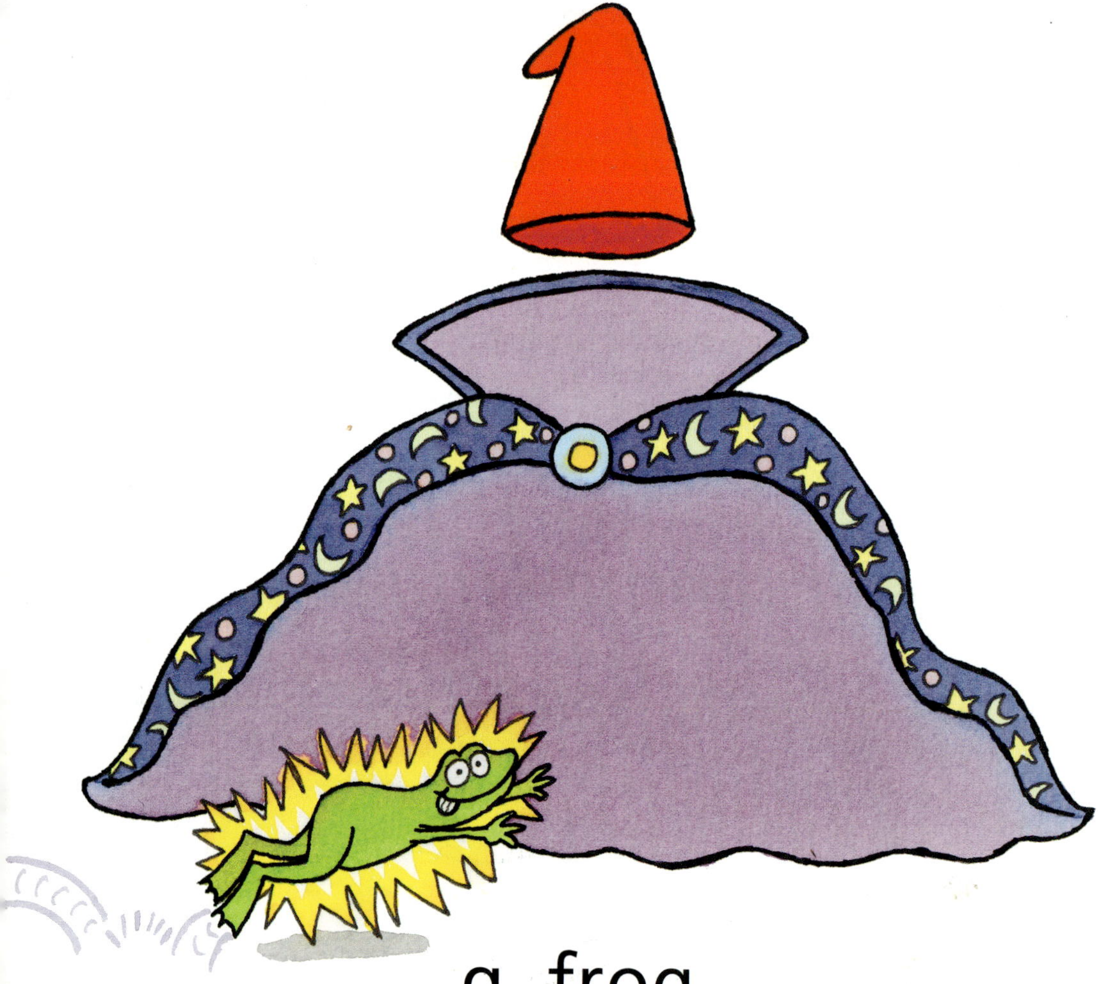

a frog

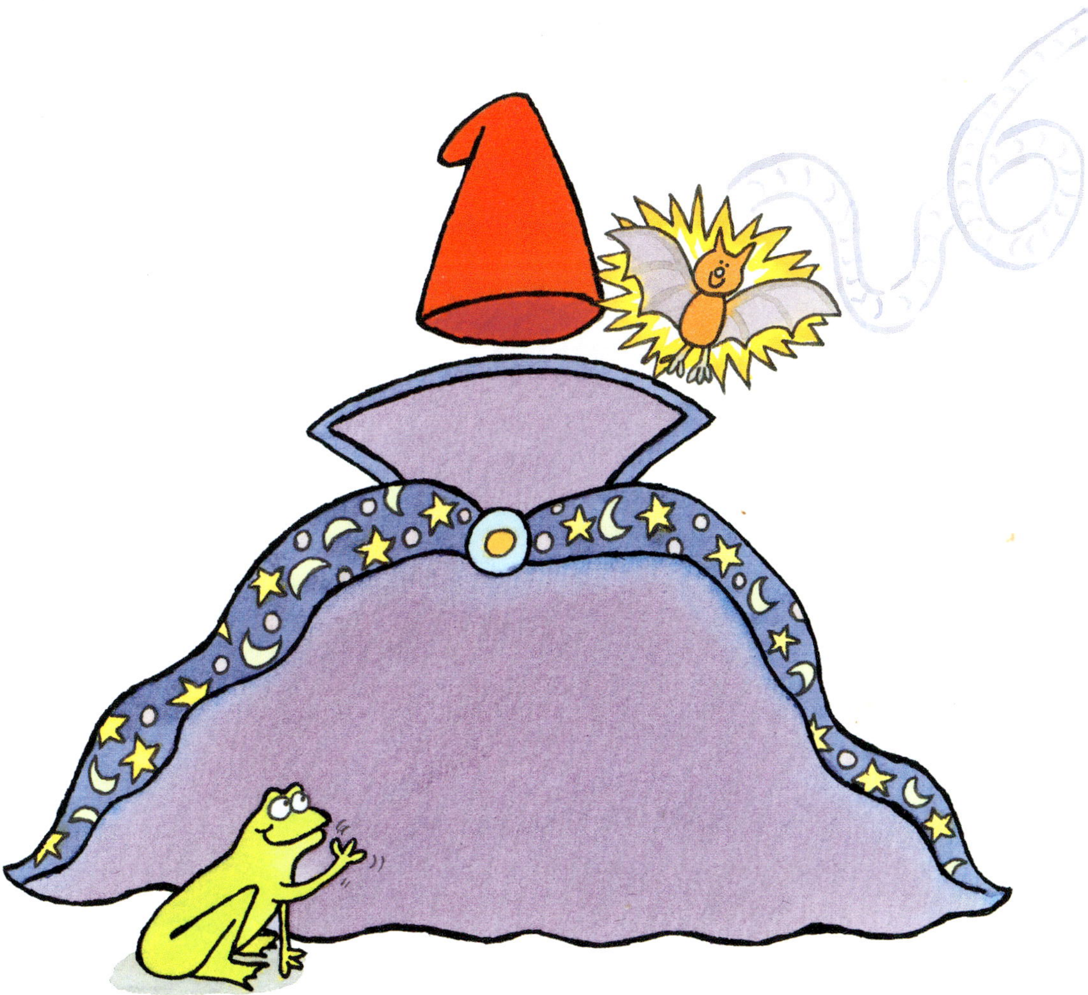

a bat

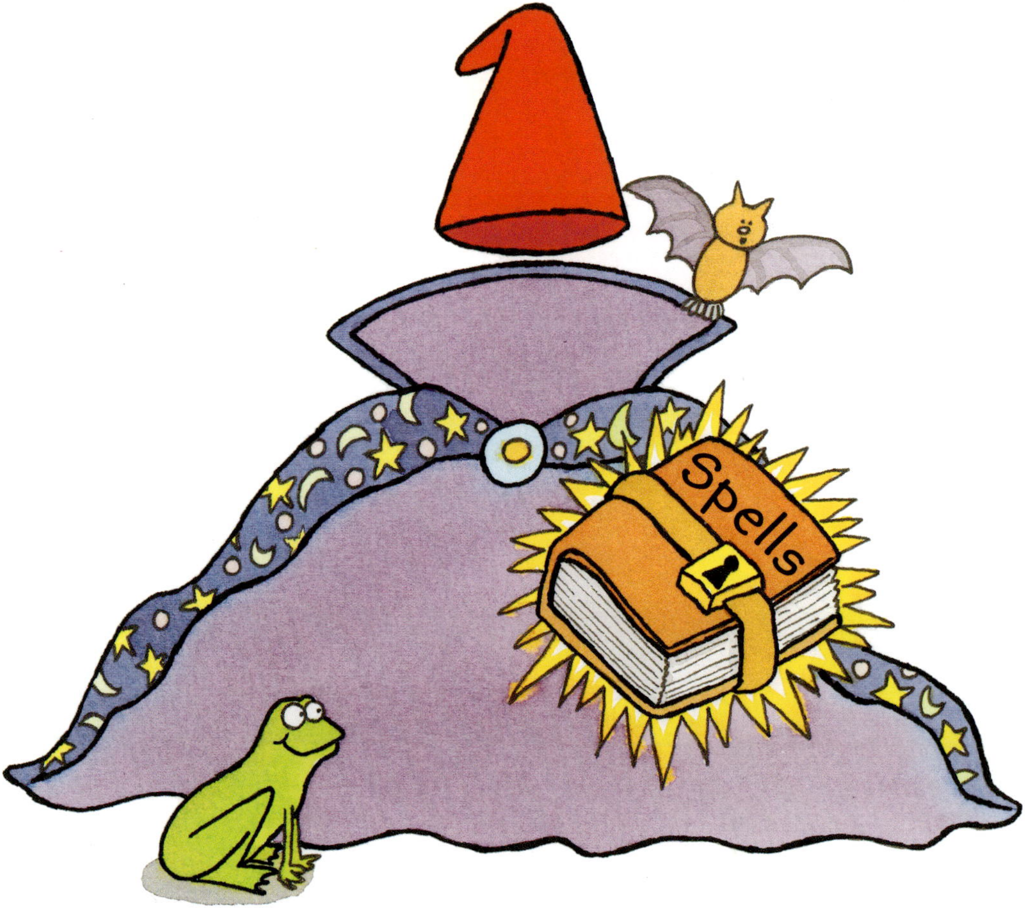

a book

a wand

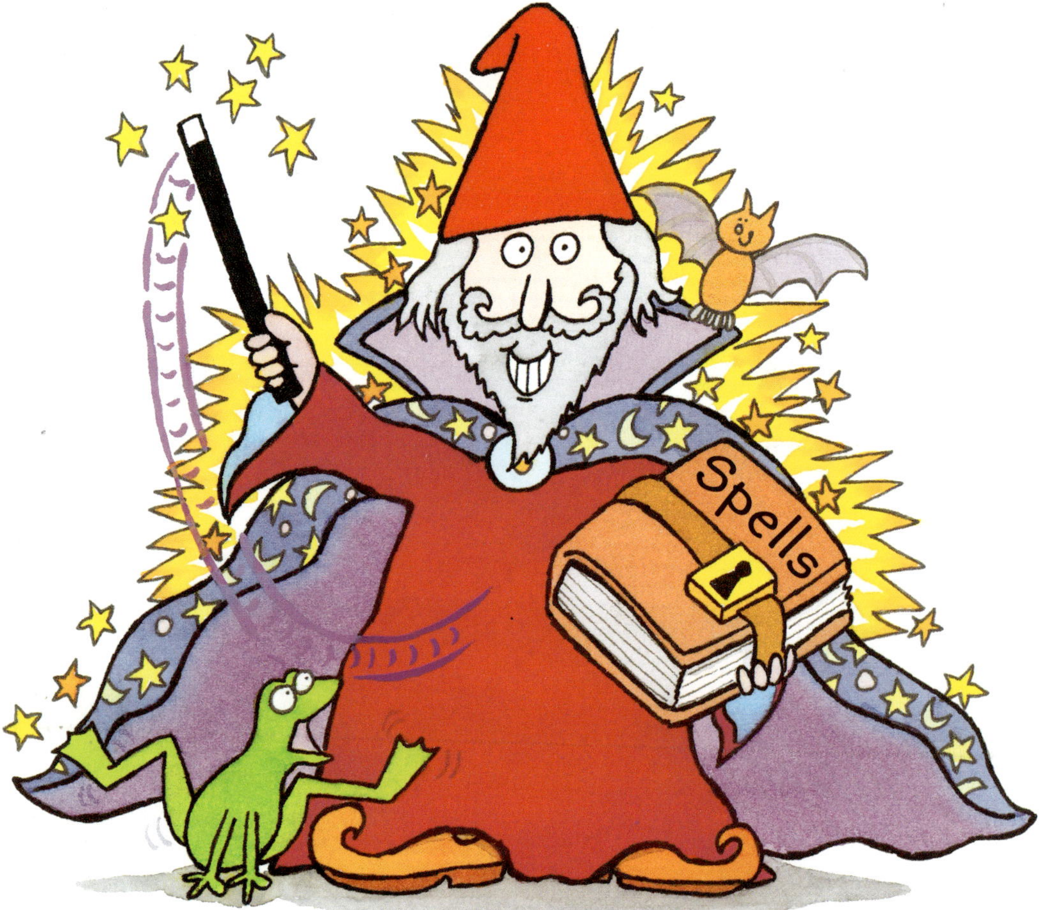

a wizard